DU PRIX

DES

LIVRES RARES

VERS LA FIN DU XIXᵉ SIÈCLE

Par M. G. BRUNET

Extrait des *Actes de l'Académie nationale des Sciences,
Belles-Lettres et Arts de Bordeaux.*
(Année 1893.)

BORDEAUX

FERET & FILS, LIBRAIRES-ÉDITEURS

COURS DE L'INTENDANCE, 15

Se trouve :
A PARIS CHEZ LECLERC ET CORNUAU, LIBRAIRES
249, RUE SAINT-HONORÉ.

1895

DU PRIX

LIVRES RARES

VERS LA FIN DU XIXᵉ SIÈCLE

Tiré à 100 exemplaires.

Bordeaux, — Imp. G. GOUNOUILHOU, rue Guiraude, 11.

DU PRIX

DES

LIVRES RARES

VERS LA FIN DU XIXᵉ SIÈCLE

Par M. G. BRUNET

———

Extrait des *Actes de l'Académie nationale des Sciences,
Belles-Lettres et Arts de Bordeaux.*
(Année 1893.)

———

BORDEAUX
FERET & FILS, LIBRAIRES-ÉDITEURS
COURS DE L'INTENDANCE, 15

Se trouve :
A PARIS CHEZ LECLERC ET CORNUAU, LIBRAIRES
219, RUE SAINT-HONORÉ.

—

1895

Ⓒ

DU PRIX

DES

LIVRES RARES

VERS LA FIN DU XIXe SIÈCLE

I

La valeur des livres rares s'est augmentée dans des proportions énormes depuis le siècle dernier; nous allons en indiquer deux exemples, que nous prenons au hasard :

Perionius Dialogus, Parisiis, 1554, in-8°, mar. Vente Anisson du Perron, 1805 : 5 fr. Vente J.-Ch. Brunet, 1868, n° 152 : 1150 fr. Exemplaire aux insignes d'Henri II et de Diane de Poitiers.

Baliverneries d'Eutrapel. Vente Soubise, 1788, n° 5513 : 10 fr. Vente J.-Ch. Brunet, 1868 : 2,120 fr.

Les causes auxquelles sont dus les prix fort élevés que l'on remarque depuis quelque temps sont faciles à constater.

Les amateurs opulents se sont multipliés, et il est arrivé des pays étrangers des demandes qui autrefois étaient inconnues; l'Amérique du Nord offre en ce genre des exemples fort remarquables que nous aurons l'occasion de signaler.

Le nombre des livres anciens d'une rareté incontestable et se recommandant à divers titres est resté à peu près le même, tel qu'il était il y a un siècle et demi, lorsque de Bure le jeune les enregistrait dans sa *Bibliographie instructive;* ils sont parfaitement connus, et on sait dans quel dépôt public beaucoup d'entre eux ont trouvé un asile inviolable; ils sont avec raison l'objet de convoitises ardentes de la part des bibliophiles qui se les disputent avec acharnement lorsqu'ils se présentent en vente publique ou lorsqu'ils se montrent sur les catalogues à prix marqués des grands libraires des diverses capitales.

La mode étend aussi son influence sur les livres comme sur les objets de parure féminine; tantôt elle en exagère la valeur, tantôt elle les frappe d'une dépréciation quelquefois passagère; les éditions elzéviriennes ont eu, tout comme la rente, des mouvements prononcés de hausse et de baisse. Les anciens amateurs portaient toutes leurs préférences sur les éditions des classiques anciens; les auteurs grecs et latins étaient recherchés avec ardeur lorsqu'ils se présentaient sous l'aspect d'exemplaires d'une beauté parfaite, et ils atteignaient des prix énormes lorsqu'ils se montraient en grand papier, quelquefois même en très grand papier : *carta maxima*. On dédaignait alors un genre de livre qui, depuis, a atteint la plus grande faveur : nous voulons parler des livres français à figures, ornés des illustrations dues à des artistes français du XVIIIᵉ siècle, tels que : Eisen, Marillier et surtout Moreau le jeune, dont l'œuvre a été l'objet d'un *Catalogue raisonné et descriptif, avec notes iconographiques et bibliographiques,* par J.-F. Mahérault, ancien conseiller d'État, Paris, 1880, Adolphe Labitte, 509 pages.

Le goût des amateurs a subi bien des modifications; il s'est porté tantôt sur les pèlerinages, sur la Terre Sainte, et on peut citer en ce genre les *Pérégrinations en Palestine* d'un chevalier allemand, Breidenbach, livre d'un intérêt très réel, décoré de figures dessinées par un habile artiste, et qui a eu avant l'an 1500 trois éditions en langues différentes, latin, français, allemand; tantôt sur les volumes imprimés en Allemagne ou en Suisse, et que les sectateurs de Luther et de Calvin lancèrent contre l'Église romaine. Plus récemment, on a vu les éditions originales des productions des romantiques de 1830 monter à des prix fort élevés; par exemple, une édition d'un roman de Théophile Gautier, qui fit quelque bruit : *Mademoiselle de Maupin*, a été inscrit au prix de 1,600 fr.; mais ce sont là des fantaisies individuelles qui ne sont pas durables, et nous croyons que les bibliophiles sérieux continueront de rechercher les volumes dont il n'existe plus qu'un petit nombre d'exemplaires forcément limité : tels que les éditions originales des romans de chevalerie, les meilleurs poètes français du xvi⁰ siècle et les éditions primitives de nos classiques du xviii⁰ siècle.

Un fermier général eut l'idée de composer un recueil de chansons qui ne remplissent pas moins de quatre volumes, et d'en confier l'illustration aux artistes les plus en vogue à cette époque; Moreau fournit les vingt-cinq premières estampes, mais il s'en tint là, et l'ouvrage formant quatre volumes parut en 1772.

La poésie n'a aucun mérite, mais ce n'est pas elle que recherchent les bibliophiles, et ce recueil qui, il y a un demi-siècle, était laissé à 60 fr. environ, a fait une fortune rapide; on n'hésite pas à le payer 2,000 fr. et au-dessus.

Un exemplaire unique des *Chansons de La Borde* imprimé sur peau de vélin et orné des dessins originaux de Moreau a été adjugé 7,050 fr. à la vente Radziwill.

Les *Contes de La Fontaine* sont également fort recherchés quand ils s'offrent sous la forme de deux volumes in-8°, datés de 1762 et imprimés à Paris sous la rubrique d'Amsterdam ; les fermiers généraux eurent l'idée de cette publication qui fut mise sous les auspices de Mme de Pompadour. L'exemplaire qui fut offert à la belle marquise et dont Eisen avait dessiné les figures, réunissait, on peut le croire, tous les genres de perfection ; après avoir passé par diverses mains, dont il serait difficile de suivre la trace, il vint se montrer en 1844 à la vente d'un académicien, fervent bibliomane, Charles Nodier : nous le trouvons indiqué comme adjugé au prix dérisoire de 355 fr. ; mais il ne tarda pas à briller de l'éclat qui lui était dû. Après avoir été offert à 7,000 fr. sur le catalogue d'un grand libraire de Paris, il est entré dans le riche cabinet d'un amateur enthousiaste, M. Beraldi, qui n'a pas hésité à le payer 15,000 fr.

Un autre objet sur lequel se portent les recherches ardentes des bibliophiles, ce sont les éditions originales des grands écrivains français, de ceux du XVI° siècle surtout ; on se trouve heureux d'obtenir à 1,500 fr. un exemplaire de l'édition primitive d'une des comédies de Molière, et les éditions originales collectives du Théâtre de l'immortel auteur du *Misantrope* figurent au premier rang sur les tablettes des amateurs les plus délicats. Pierre Corneille vient ensuite et rencontre des admirateurs qui se disputent les éditions in-f° ou in-12, dont on s'était peu préoccupé pendant un siècle et demi. Racine n'occupe que le troisième rang ; mais il est encore fort honorable. Citons également : les *Oraisons funèbres* de Bossuet et les *Caractères* de La Bruyère, qui n'eurent pas moins de onze éditions successives, toutes profondément remaniées du vivant de l'auteur ; tandis que d'autres écrivains, une fois leurs volumes livrés au public, ne prennent pas la peine de les relire.

C'est surtout à la reliure que la bibliophilie a dû son plus vif éclat; c'est la France qui a donné, la première, l'exemple d'inaugurer cet art dont les progrès n'ont cessé de se développer; c'est elle qui peut citer avec orgueil le nom de Jean Grolier, contemporain de François Ier, et qui profita de son séjour en Italie, où il occupa les fonctions d'administrateur des finances, pour faire relier un assez grand nombre de volumes grecs et latins dont les plats étaient recouverts de gracieux compartiments. Ces volumes, qui pour la plupart ont résisté aux injures du temps, se reconnaissent sans peine à la devise qu'avait adoptée leur propriétaire : *Portia mea, Domine, sit in terra viventium,* et qui accompagne l'expression d'une propriété généreuse : *Gio. Grolierii et amicorum.*

Nous ne croyons pas qu'on s'en soit occupé pendant le XVIIe siècle, mais au commencement du XVIIIe, le baron Hohendorff, bibliophile autrichien, en signalait plusieurs dans le catalogue de la riche bibliothèque qu'il avait formée. Nous retrouvons une longue période de silence pendant laquelle Grolier occupe bien peu les bibliophiles; mais à partir d'une cinquantaine d'années, la faveur qu'il aurait dû conserver se déclare avec énergie, et les prix s'élèvent avec une rapidité entraînante.

A la vente L. Téchener en 1887, un exemplaire de l'*Histoire d'Héliodore* s'élève à 12,000 fr.; il a, dit-on, quitté la France pour se rendre à New-York, ville où quelques bibliomanes ont fondé un *Grolier-Club.*

A la vente Lignerolles, un exemplaire de Catulle, imprimé par Alde en 1515, s'est adjugé au prix de 10,000 fr.; la reliure était fort belle et d'une conservation parfaite. Exemplaire de Grolier.

Un érudit laborieux, M. Le Roux de Lincy, a publié

en 1866 un volume relatif à Grolier, à sa vie et à ses livres, il n'a ajouté à ce travail, rédigé avec beaucoup de soin, que ce qui s'est passé depuis cette époque; deux ou trois Grolier ont été découverts dans les retraites où ils étaient cachés, et plusieurs ont changé de main.

Un contemporain de Grolier, Thomas Maïoli, marcha sur ses traces; mais les livres qu'il se plut à faire relier sont bien moins nombreux, et l'on ne possède aucun renseignement sur sa vie; ceux de ses volumes qui se sont conservés jusqu'à nous sont très recherchés et se paient des prix élevés.

Vers la fin du xvie siècle se montrent deux relieurs éminents. Clovis Ève portait le titre de relieur ordinaire du roi. Il travailla pour Henri IV et Louis XIII.

On ne connaît que trois volumes que des preuves authentiques permettent de lui attribuer.

Nicolas Ève exerçait la même profession; il fut chargé de relier un certain nombre d'exemplaires des Statuts de l'ordre du Saint-Esprit, volume qui parut vers la fin de 1578 et dont un exemplaire figure à l'exposition de la Bibliothèque nationale, n° 426; c'est le seul livre qui fasse connaître Nicolas Ève comme relieur.

Ce qui concerne la famille Ève est demeuré fort obscur; les bibliographes qui en ont parlé se contredisent les uns les autres et ne s'accordent pas avec les documents authentiques, biens incomplets d'ailleurs, qu'on a pu recueillir jusqu'ici.

Nous arrivons à l'un des relieurs des plus illustres du xviie siècle: Le Gascon; ce n'est pas un nom imaginaire, ce ne fut qu'un simple surnom indiquant la province d'où celui qui le portait était originaire.

Les renseignements authentiques manquent sur son

compte, et les assertions les plus contradictoires se sont produites à son égard : on l'a signalé comme exerçant son art à l'époque d'Henri II ; on l'a mis au nombre des employés de Colbert. La première date à laquelle paraît officiellement le nom de Le Gascon est celle de 1622, sur le registre de la Confrérie des relieurs. Il fut reçu à la maîtrise en 1615, il était âgé de vingt-cinq ans environ ; il travailla l'espace de quarante ans. Un amateur des plus distingués de cette époque, Habert de Montmort, passe pour avoir fait travailler Le Gascon ; c'est de 1628 à 1645 qu'il faut chercher les œuvres de Le Gascon.

Le nom de Du Seuil, né le 2 septembre 1673, mérite d'être cité honorablement. L'acte de décès de sa femme, morte le 16 février 1714, le qualifie de relieur du duc et de la duchesse d'Orléans.

Le XVIII⁰ siècle nous offre des échantillons de ce que fut la reliure à cette époque ; nous nous bornerons à citer quelques exemples qui attestent avec quelle ardeur les bibliophiles les recherchent aujourd'hui.

La faveur aveugle de Louis XIV confia l'administration de la guerre et des finances au marquis de Chamillart, qui se montra tout à fait incapable de répondre à la confiance du roi ; la marquise, que Saint-Simon appelle la femme la plus sotte du monde, a conservé un nom des plus honorables parmi les bibliophiles, grâce au choix qu'elle fit pour habiller les volumes en petit nombre qu'elle possédait du relieur Boyet, dont le travail est regardé à juste titre comme un modèle d'habileté et de solidité.

Citons quelques exemples des prix qui ont été atteints par quelques-uns de ces volumes pour lesquels se passionnent les amateurs les plus délicats :

Augustin (saint), *Lettres*. Paris, 1701. Vente Pichon, 1869, 6 vol. in-8°, mar. citron : 5,025 fr., et vente Laroche La Carelle, 1889, 9,000 fr.

Corneille (Pierre). *Théâtre*. Paris, 1706, 10 vol. in-12, mar. vert : 5,200 fr. — Ces volumes avaient été adjugés 550 fr. à la vente Soleinne, et 4,100 fr, à la vente Brunet en 1868.

Pascal. *Les Provinciales*. Cologne, 1700, 2 vol. in-12, mar. rouge. Vente Brunet, 1868, n° 51 : 1,620 fr., et vente du marquis de Ganay : 10,000 fr.

Solis (Antoine). *Histoire de la conquête du Mexique*. Paris, 1704, in-12, mar. bleu, doublé de mar. rouge. Vente d'un amateur anglais, n° 527 : 3,500 fr.

A l'époque de Louis XV, la reliure offrit en France un artiste du plus grand mérite : Antoine-Michel Padeloup, né le 22 décembre 1685, et mort le 7 septembre 1758.

Pour le distinguer de ses frères, on l'appelait communément Padeloup le jeune. En 1733, il prenait le titre de relieur du roi de Portugal; nous ignorons à quelles circonstances il dut l'autorisation de prendre ce titre, et il serait piquant de retrouver dans un palais de Lisbonne quelques volumes sortis de ses habiles mains.

En 1734, il obtint le brevet de relieur ordinaire du roi. Il fut peut-être le premier à placer des étiquettes sur les volumes habillés dans ses ateliers. Les amateurs tiennent surtout en haute estime les mosaïques qu'il exécuta en assez grand nombre et qui obtiennent aujourd'hui des prix fort élevés. Citons ce que dit M. Ernest Thoinan : « Les travaux de Padeloup en ce genre sont presque toujours d'un fini remarquable qu'aucun de ses rivaux n'a dépassé. La critique trouve bien peu à redire. L'exécution est en général parfaite, et l'œil se repose agréable-

ment sur ces charmants volumes. Padeloup fut un des
relieurs de Paris des plus occupés et travailla pour tous
les bibliophiles de son temps. Il employait un grand
nombre d'ouvriers, et c'est ce qui explique qu'on trouve
parfois des volumes à sa marque d'une exécution ordinaire. »

On paie aujourd'hui au delà du poids de l'or quelques
chefs-d'œuvre sortis de ses mains, et parmi lesquels nous
citerons : *Les Contes de La Fontaine*, édition des fermiers
généraux, 1762, revêtue de maroquin rouge avec mosaïque,
à compartiments de maroquin vert, bleu et citron; ces
deux beaux volumes, qui avaient été cédés à 575 fr. en
1817, ont atteint les prix de 7,500 fr. en 1840, et depuis
se sont élevés au chiffre respectable de 11,000 fr.

Le règne de Louis XVI vit fleurir les Derome. C'est
surtout Derome le jeune qui porta au plus haut degré la
renommée de sa profession; il fut le plus célèbre de tous
les membres de la nombreuse famille des Derome.
Nicolas-Denis, né le 1er octobre 1731, succéda à son père
en 1760 et ne tarda pas à acquérir une clientèle considérable. Parmi les volumes qui sont sortis de ses ateliers,
il en est qui sont irréprochables; mais comme il ne
pouvait pas tout faire lui-même, il en est aussi qui
laissent à désirer, et nos amateurs contemporains sont
de plus en plus difficiles à cet égard.

Vers 1775, les reliures anglaises devinrent à la mode,
et Derome, toujours désireux de suivre les goûts du
public, s'empressa de les imiter.

« Derome, dit M. Ernest Thoinan, en était arrivé à
employer des maroquins préparés en Angleterre, de
nuances généralement mal venues, très minces et n'ayant,
pour ainsi dire, que la fleur de la peau, sans chair

dessous : cela pouvait rendre la couvrure plus facile, mais produisait un aspect d'une pauvreté déplorable : celui du papier collé !

» Heureusement que Derome, presque jusqu'à la fin de sa carrière, en dépit de cette triste mode anglaise, ne cessa pas entièrement de faire des décorations dans le système de son bon temps. Derome le jeune mourut vers 1788; il eut pour successeur Alexis-Pierre Bradel, son neveu, qui ne maintint pas la maison à la hauteur où son oncle l'avait élevée.

» On trouve dans l'*Almanach du Commerce* de 1801 trois relieurs portant le nom de Derome, et on retrouve ces trois noms dans celui de 1821, mais ils sont restés dans l'obscurité. »

(Nous empruntons ces détails au livre de M. Ernest Thoinan : *Les Relieurs français. 1500-1800,* page 70.)

Les rédacteurs des plus riches catalogues n'ont, pendant bien longtemps, jamais songé à mettre le nom des relieurs aux volumes offerts au public; ce n'est que depuis une quarantaine d'années que ces indications, souvent si utiles à la fortune d'un livre, viennent éveiller la convoitise des amateurs. Charles Nodier est le premier qui, vers 1828, s'avisa de joindre des noms de relieurs aux volumes qu'il mettait en vente ; mais ces noms sont pour la plupart tombés dans l'oubli, et il fallut attendre quelques années pour qu'un essor inattendu vînt offrir des perspectives toutes nouvelles aux yeux des amateurs.

Ce fut un bibliographe illustre, J.-Charles Brunet, qui donna le signal; il avait été l'ami d'un bibliophile de la vieille roche, Parison, homme fort instruit, mais qui ne voulut jamais publier une seule ligne. A sa vente, l'auteur du *Manuel du libraire* paya 200 fr. un exemplaire des

Aventures de Télémaque, lequel avait été précédemment adjugé à 30 fr.; il était relié en maroquin rouge et était décoré de la Toison d'or, insigne d'un amateur très estimé, Longepierre.

En 1868, après la mort de J-.Charles Brunet, le *Télémaque* reparut dans cette salle de vente dans laquelle ont passé tant de volumes des plus précieux, et les deux volumes furent adjugés au prix de 1,770 francs.

Ce fut un événement dans le monde des bibliophiles, personne ne s'attendait à un prix aussi élevé, et il se trouva plus d'un amateur pour taxer de folie l'audace de l'acheteur; mais l'événement est venu donner raison à ce qu'on pouvait regarder comme téméraire : le *Télémaque* de Longepierre a passé depuis dans diverses mains et il a été payé 5,050 fr. vente Laroche La Carelle.

Nous passons sous silence les relieurs contemporains qui ont acquis une réputation méritée : Duru, Thibaron ne rentrent pas dans le cadre que nous nous sommes tracé; à leur tête marche Trautz, et les volumes sortis de ses habiles mains atteignirent des prix fort élevés; contentons-nous de citer un exemplaire des *OEuvres de Villon,* imprimé à Paris, par Galliot Du Pré, 1532, in-8°, mar. orange à mosaïque de mar. bleu et rouge, doublé de mar. bleu, larges dentelles : adjugé à 14,020 fr. vente Laroche La Carelle, 1888, n° 142. N'oublions ni Lortic, le favori d'Ambroise-Firmin Didot, ni Cuzin, mort à la fleur de l'âge et qu'on regardait comme un digne rival de Trautz.

Avant de passer à l'énumération qui va suivre, signalons quelques volumes qui doivent leur haute fortune à des circonstances exceptionnelles.

Il s'agit, d'abord, des *Tableaux des mœurs du temps,*

volume que fit imprimer à un seul exemplaire le fermier général de La Popelinière, fort connu à l'époque de Louis XV, dans lequel il raconta les épisodes les moins gazés d'une vie aventureuse. Ces récits furent accompagnés de gouaches en harmonie avec le texte.

Après le décès du fermier général, ce volume fut sur le point d'être détruit par des héritiers scrupuleux; mais l'intervention personnelle du roi, auquel il avait été rendu compte de cette circonstance, vint à point pour le sauver.

A la suite de diverses pérégrinations qu'il serait difficile de suivre avec certitude, les *Tableaux des mœurs du temps* trouvèrent un asile dans le cabinet du prince Galitzin, à Moscou; ils revinrent ensuite à Paris et finirent par devenir la propriété d'un riche amateur anglais, dont la collection spéciale se composait surtout de livres précieux qui ne peuvent guère être exposés en vente publique. Frédéric Hankey, tel était le nom de ce bibliomane, ne pouvait laisser échapper un pareil trésor (notons en passant qu'il était fils d'un ancien gouverneur des îles Ioniennes et qu'il avait servi comme officier dans les gardes à cheval du roi d'Angleterre). Après sa mort, ses livres furent dispersés de gré à gré, et les *Tableaux* qu'avait dessinés La Popelinière ont paru à la vente curieuse, à certains égards, d'un bibliophile qui se décerna le nom de : « le Toqué » (janvier 1894). On s'attendait à une lutte acharnée pour savoir à qui resterait le livre dont la réputation était européenne; on s'attendait à le voir atteindre le prix de 50,000 fr., mais, *habent sua fata libelli :* à la suite d'un engagement qui ne fut pas bien vif, l'adjudication s'arrêta à 25,000 fr. L'ouvrage est d'ailleurs connu par les analyses qu'en ont faites divers bibliographes, Charles Monselet, G. Brunet et autres, et il a été réimprimé en deux volumes petit in-8°; mais cette édition nouvelle ne saurait tenir lieu du volume unique, qui reste une des curiosités les plus précieuses d'une galerie bibliographique.

Un autre volume, dont nous avons à parler, se recommande par des considérations d'un ordre bien différent : c'est un exemplaire de l'*Office de la Semaine Sainte (à l'usage de la maison du roi)*, par l'abbé de Bellegarde. Paris, 1732, in-8°, mar. rouge, comp., armes de Louis XVI; volume offert à la princesse de Lamballe, avec un envoi du roi, un billet autographe de Marie-Antoinette et quelques mots de Marie-Thérèse, plus une lettre de Marie-Antoinette et quelques lignes de Louis XVI. Ce volume a été adjugé, à la vente Lignerolles, 1874, n° 105, au prix de 30,000 fr.

Pour expliquer ce prix qui peut paraître exagéré, il faut tenir compte du culte qu'un petit cercle de bibliophiles professe à l'égard d'une reine infortunée, autour de laquelle d'odieux libellistes se sont plu à entasser d'infâmes calomnies.

Quelques recueils qui se rattachent aux arts du dessin plutôt qu'à la bibliographie ne paraîtront peut-être pas ici hors de leur place.

Dessins pour les *Contes de La Fontaine,* s. l. n. d., 2 volumes in-f°, mar. rouge. Inscrits au *Bulletin mensuel* de M. D. Morgand, février 1887, n° 12138, au prix de 50,000 francs.

Recueil précieux orné de 57 dessins originaux, exécutés à la sépia par Fragonard, Mallet et Touzé; ces dessins étaient destinés à une édition des *Contes* dont la maison Didot avait entrepris la publication, mais l'année 1795 n'était nullement favorable à la mise au jour d'ouvrages de luxe; le nombre des souscripteurs fut si peu considé-

rable qu'il fallut renoncer à l'entreprise projetée ; on se borna à vingt planches, destinées aux deux livraisons de texte qu'on venait de mettre au jour, et qui se rencontrent très difficilement. Ces planches furent tirées en divers états, dont quelques-unes sont regardées comme uniques. Les dessins de Fragonard avaient été exécutés pour M. Bergeret.

Les dessins qui figurent au catalogue Morgand ont été vendus à M. Béraldi ; ils provenaient de M. Eugène Paillet, qui les tenait du baron Roger Portalis, qui les avait acquis d'un marchand de la rue Laffitte ; ils avaient été faits pour le fermier général Bergeret, ami de Fragonard, et ils ont appartenu à M. Feuillet de Conches, collectionneur très fervent et qui a rempli des fonctions importantes à l'époque du gouvernement de Juillet.

On nous assure que le propriétaire actuel a refusé de céder à 100,000 francs le précieux recueil auquel nous consacrons ces lignes.

Contes de La Fontaine, Paris, 1795, 2 vol. in-4° : 18,000 fr., inscrit au *Bulletin mensuel* de M. D. Morgand, 1887, n° 12142.

Cet exemplaire est accompagné d'une longue note et contient la presque totalité des figures avant la lettre et des eaux-fortes connues ; il est un des trois connus parmi ceux où le plus grand nombre de pièces ont été rassemblées. Les deux autres sont : celui de M. Béraldi et celui qui fait partie de la bibliothèque de M. L. Rœderer, acquis au prix de 20,000 francs à la vente Sieurin.

1° Ce volume renferme la suite des 20 figures terminées et des eaux-fortes qui accompagnent les deux premières livraisons du texte.

2° Quatorze épreuves à l'état d'eaux-fortes (sur les

17 connues), des planches supplémentaires (manquent :
Le Petit Chien, qui ne se trouve que dans l'exemplaire
Sieurin ; *Féconde,* qui ne se trouve que dans l'exemplaire
de M. Béraldi, et l'*Amour mouillé*, dont on ne connaît que
les exemplaires de MM. Sieurin et Daguin).

3° Six épreuves terminées. Épreuves avant la lettre de
ces mêmes estampes supplémentaires ; une seule des
estampes terminées manque à cette suite, celle de Joconde
(Le Départ); par contre, celle des *Deux Amis* qui s'y
trouve est la seule connue.

En tout, en ajoutant quelques autres pièces d'une
extrême rareté, on constate qu'on a là la réunion de
68 pièces à toutes marges et parfaitement conservées.

Monument du Costume. Suite d'estampes pour servir à
l'histoire des mœurs et du costume des Français. Paris,
1775-1778, in-f° ; seconde suite d'estampes, année 1776,
in-f° ; troisième suite d'estampes, année 1783, trois parties
en un volume, mar. rouge.

Ce volume est la plus belle des publications à figures
du XIXe siècle, dessinées avec un tact exquis, chef-d'œuvre
de Moreau le jeune.

Cet exemplaire contient la suite des douze estampes
de Freudeberg, en double état, et les vingt-quatre figures
de Moreau ; les dessins de ce dernier ont été retrouvés ;
ils sont exécutés à la sépia, le trait à la plume ; ils ont
passé en vente publique à Berlin, en mai 1891, où, réunis
avec quatre dessins de Freudeberg, ils ont été adjugés
à 109,500 marks (136,875 fr.) et sont devenus la propriété
de M. le baron Edmond de Rothschild (voir le *Bulletin*
mensuel du libraire Morgand, novembre 1891), On dit
qu'ils avaient appartenu au feu roi de Bavière, et qu'ils
avaient figuré dans une vente faite à Leipzig.

Nous n'avons pas besoin d'ajouter que M. D. Morgand est le libraire le plus actif de Paris, son savoir bibliographique égale son obligeance; nous avons entendu dire que les prix auxquels il inscrit les volumes qu'il met en vente sont parfois d'une élévation effrayante, mais sa riche clientèle ne lui en fait pas un reproche.

Cet exemplaire, provenant de la bibliothèque d'un fervent amateur parisien, a été cédé à M. Pierre Van Loo, de Gand. Le texte qui accompagne ces charmantes représentations de la vie élégante de l'époque est de Restif de La Bretonne et n'a aucune valeur.

Chansons mises en musique par M. de La Borde, gouverneur du Louvre, ornées d'estampes par J.-M. Moreau, dédiées à Madame la Dauphine. Paris, 1773, 4 vol. in-8°, mar. rouge. *Bulletin mensuel* de M. D. Morgand, février 1887, n° 12129 : 25,000 fr.

XVIIIe   Ce recueil, qui figure au premier rang des ouvrages illustrés du XIXe siècle est orné de 4 frontispices et de 100 figures dessinées par Moreau, Le Barbier, Le Bouteux et Saint-Quentin, gravées par Masquelier et Née.

Les figures d'après Moreau et se rapportant au premier volume forment le principal mérite de cette publication. Cet exemplaire renferme les 26 figures de Moreau en triple état, avant la lettre et eaux-fortes, et les 78 figures de Le Barbier, Le Bouteux et Saint-Quentin en double état avec la lettre et eaux-fortes. Les figures de Le Barbier, Le Bouteux et Saint-Quentin n'existent pas avant la lettre, sauf pour quelques pièces.

On a ajouté quelques portraits et une épreuve non terminée de la dédicace à Marie-Antoinette qui se trouve en tête du premier volume (avec les armes indiquées sur fond blanc).

Ce précieux exemplaire provient de la bibliothèque Renouard, où il était conservé depuis 1819. Catalogue, tome III, page 42. En 1854, avant d'être relié, il passa ¡naperçu et ne dépassa pas le prix de 235 francs.

II

Nous avons, dans notre première partie, mentionné l'adjudication, à la vente Laroche La Carelle, de l'exemplaire des *Contes de La Fontaine* (édition des fermiers généraux), aux armes de Mme de Pompadour, au prix de 15,500 fr. Une anecdote assez amusante a circulé à cet égard; la voici telle qu'elle nous a été racontée.

Le libraire qui avait fait la vente reçut, quelques jours après, une lettre venant d'une ville de province, et que nous reproduisons textuellement :

« Vous avez adjugé, il y a quelques jours, un exemplaire des *Contes de La Fontaine* au prix de 15,500 fr.; je m'empresse de vous informer que je possède un exemplaire de ces contes, même édition; la reliure est en vieille basane fort usée et trouée; un grand nombre de figures ont été enlevées, plusieurs ont été mutilées, et quelques-unes ont été tachées d'encre. Ces défectuosités me décident à consentir à une réduction très sensible sur le prix que vous avez obtenu; je souscris un rabais des deux tiers, ce qui met mon exemplaire à 5,000 fr. Veuillez donc m'envoyer par lettre chargée cinq billets de banque de mille francs et je vous expédierai aussitôt le volume que je vous propose et auquel vous réserverez, je l'espère, le meilleur accueil. »

Le libraire répondit : « Je regrette de dissiper vos illusions, mais le *La Fontaine* tel que vous le décrivez n'a aucune valeur; vous auriez de la peine à trouver acheteur aux environs de 30 francs. Vous voyez, Monsieur, que la différence est grande, plus grande encore que la distance du Caire à Moscou. »

On pourrait signaler des exemples de livres précieux qui, après une longue absence, se sont montrés dans des endroits où on était loin de s'attendre à les rencontrer; en voici un exemple des plus remarquables :

Une des pièces de Molière, *Don Juan ou le Festin de Pierre,* fut imprimée, et quelques passages parurent susceptibles d'offenser une autorité vigilante; des corrections furent exigées, et il fallut cartonner l'édition avec une attention telle que deux exemplaires seulement purent échapper à cette opération; le lieutenant de police se réserva un de ces exemplaires, qui est entré dans la Bibliothèque nationale, laquelle, donnant un exemple de l'instabilité des choses humaines, a changé huit ou neuf fois d'épithète depuis l'an 1800. Quant à l'autre exemplaire, il avait complètement disparu, et personne ne songeait à le découvrir en France; ce fut à Calcutta qu'il apparut soudainement aux regards d'un Anglais qui en reconnut la valeur et qui s'empressa de le diriger sur Londres, où il entra dans le cabinet d'un amateur célèbre, Richard Heber.

Voici quelques indications relatives à d'autres publications de Molière :

OEuvres. Paris, 1673; 7 vol. in-12, mar. rouge. Vente Lignerolles, 1894, n° 1584 : 16,200 fr.

C'est un recueil factice des œuvres de Molière, publiées par Barbin sous la date de 1673. On n'en connaît que cinq exemplaires.

De tous les classiques français, Molière est celui dont les éditions originales sont l'objet de l'enthousiasme le

plus vif; les prix qu'elles obtiennent à la chaleur des
enchères font sans cesse de nouveaux progrès; on va en
juger :

OEuvres, avec des remarques, par Bret. Paris, 1773,
7 vol. in-8°, 33 fig. de Moreau, épreuves avant la lettre et
eaux-fortes. Vente Lignerolles, 1894, n° 1587 : 22,100 fr.

Les éditions originales des comédies de Molière, autrefois fort délaissées, sont devenues l'objet des soins
particuliers des bibliophiles contemporains. M. de Soleinne
fut le premier à les rechercher avec ardeur; à sa vente,
faite en 1843, il en laissa une réunion complète, sauf une
seule *(Les Fourberies de Scapin),* qui fut adjugée à 747 fr.,
somme fort inférieure au prix qu'obtient aujourd'hui une
de ces pièces.

Citons quelques exemples :

Les Précieuses ridicules. Paris, 1660 : 2,000 fr., vente
Lignerolles.

Sganarelle. Paris, 1660 : 2,550 fr. Même vente.

Les impressions qui datent de l'origine de l'imprimerie
sont recherchées avec une avidité toujours croissante.
Citons à cet égard un exemplaire d'un des plus anciens
produits de la typographie : *Biblia sacra latina,* anno 1462,
2 vol. in-f°, mar. rouge, 1re édition de la Bible avec date
certaine. Vente Maglione, 1874 : 21,000 fr.

Cette Bible est connue sous le nom de *Bible Mazarine,*
parce que le premier exemplaire qui fut signalé se trouva
dans la bibliothèque du cadinal Mazarin. Malgré son prix
élevé, elle passe aux yeux des amateurs comme inférieure
au *Psalterium,* qu'on attribue aux presses de Gutenberg,
et dont on ne connaît que deux exemplaires : l'un acquis
en 1817 à la vente du comte de Mac Carthy pour la
somme, alors fort élevée, maintenant fort modique, de

12,000 fr.; somme que le roi Louis XVIII, qui ne voulut pas laisser ce monument typographique sortir de France, préleva sur sa cassette; l'autre exemplaire a été offert à un prix équivalent à 72,000 fr. par un des premiers libraires de Londres, M. Bernard Quaritch; nous ignorons si le possesseur de ce volume, des plus précieux, a rencontré un acheteur assez enthousiaste pour ne pas se laisser effrayer par une demande que bien des bibliophiles trouveront exagérée.

Le nom des Elzeviers fait incliner tous les amateurs de livres. Ces imprimeurs célèbres ont durant un siècle publié, à Leyde et à Amsterdam, un grand nombre de volumes justement recherchés; leur format commode, leur exécution très soignée, leur ont procuré partout un accueil des plus favorables. La bibliothèque elzévirienne a été l'objet des investigations de plusieurs érudits, mais elle présente encore des questions complexes; les Elzeviers ont parfois eu recours à des villes et à des imprimeurs fantastiques dans le but de dissimuler leur paternité. De nombreux écrits sont sortis de presses établies à Bruxelles, à Liège, à Amsterdam, en portant pour lieu d'impression des villes imaginaires ou des typographes qui n'ont jamais existé. Des amateurs peu difficiles annexent à la collection elzévirienne tous ces volumes, parmi lesquels il s'en trouve quelques-uns qu'on peut à bon droit regarder comme des productions des grands imprimeurs hollandais; mais la plupart sont loin d'avoir le droit de prétendre à une aussi noble origine.

La valeur des elzeviers authentiques n'a pas depuis une cinquantaine d'années monté avec la rapidité qu'on constate sur des livres d'un autre genre; on continue de se montrer épris des volumes ayant un intérêt réel : tels que les *Mémoires de Commines* et *La Sagesse de Charron;*

mais on délaisse de nombreux volumes de médecine ou de jurisprudence écrits en latin et n'offrant aujourd'hui aucun intérêt.

Lorsqu'un volume imprimé par les Elzeviers est arrivé jusqu'à nous sans avoir été relié, et conservant ainsi toutes ses marges (et la circonstance est rare), il survient aussitôt une élévation de prix des plus sensibles; nous pouvons signaler à cet égard le fait le plus curieux qu'offre l'histoire des Elzeviers.

En 1655, ils réimprimèrent, à Leyde, un volume très insignifiant et dépourvu aujourd'hui de tout intérêt : *Le Pastissier françois,* petit in-12, 6 ff. et 252 pages.

Ce livre, qu'aucun amateur du xviie ou du xviiie siècle ne songea à mettre dans sa bibliothèque, fut détruit par suite de l'usage qu'en firent les industriels auquel il était destiné; il devint par conséquent d'une grande rareté et il fut établi en principe qu'aucune collection elzévirienne de quelque importance ne pouvait se dispenser de le posséder; cette réputation de rareté a bien diminué, car M. Alphonse Willems a donné l'énumération d'une trentaine d'exemplaires dont il a constaté l'existence (*Annales des Elzeviers,* Bruxelles, 1880, page 301). Indiquons quels sont les prix les plus remarquables qu'ont atteints les exemplaires qui ont traversé le feu des enchères.

Un exemplaire de Montesson, revêtu d'une riche reliure de Trautz-Bauzonnet, a figuré à la vente de la librairie L. Potier (mars 1870), où il a atteint le prix de 2,910 fr.; puis à la vente Bentzon (avril 1875): 3,255 fr. Revendu 2,200 fr. à Paris, en mars 1877.

Un exemplaire de la Villestreux (avril 1872): 1,200 fr. Coté 3,000 fr. au catalogue Fontaine de 1874. Aujourd'hui chez M. le duc de Chartres.

Un exemplaire vendu à Paris en avril 1847, 325 fr.

Après avoir été revêtu d'une reliure de Trautz-Bauzonnet, a atteint 1,050 fr. à la vente Yemeniz; acquis par M. Boone, libraire anglais.

Un exemplaire A. Van den Bogaerde (Bruges, oct. 1866), vélin, acquis par M. J. Capron, d'Ypres, et revendu chez cet amateur (avril 1875) : 3,200 fr.

Un exemplaire ayant appartenu à M. Quentin Bauchart et cédé à l'amiable à 4,600 fr.

Un exemplaire, revêtu d'une riche reliure de Trautz, figure au catalogue Auguste Fontaine de 1875, coté 4,500 fr.

Un exemplaire, riche reliure de Bauzonnet, vente L. de Montgermont : 4,550 fr. Depuis il a figuré, au prix de 6,000 fr. dans un catalogue de la maison Bachelin-Deflorenne (novembre 1876), et a été revendu à l'amiable 5,500 fr.

MM. Morgand et Fatout ont inscrit sur leur catalogue un exemplaire, découvert en Italie, dont ils ont demandé et obtenu 10,000 fr.

Un autre exemplaire broché, non rogné, a figuré dans une vente faite à Paris le 22 février 1879, et a été retiré des enchères sur la mise à prix de 5,000 fr. Une réaction n'a pas tardé à se produire contre des prix dont l'exagération était due à des circonstances exceptionnelles, et un exemplaire payé 10,000 fr. n'a pas trouvé amateur au delà de 3,000 fr., ce qui est déjà excessif.

Notons en passant qu'un exemplaire se trouve dans la somptueuse bibliothèque de feu le baron James de Rothschild, et qu'en 1780, à la vente du cabinet d'un amateur, peu connu, nommé Picard, un autre fut adjugé à quatre livres, prix satisfaisant pour l'époque.

On n'a pas oublié qu'il s'agit toujours ici du *Pastissier françois*.

Indiquons quelques volumes qui, dans ces dernières années, se sont adjugés à des prix d'une élévation remarquable, de 3,000 à 10,000 fr.; il nous eût été facile de donner bien plus d'extension à ce relevé, si nous avions voulu y comprendre un grand nombre d'ouvrages qui ont trouvé preneurs de 800 à 1,000 fr. Mais il faut savoir se borner.

Ars moriendi (sans lieu ni date), in-f°, mar. bleu. Vente Yemeniz, 1867, n° 295 : 9,550 fr.

Une des plus curieuses publications xylographiques; on n'en connaît que trois exemplaires complets, 13 feuillets contenant 11 gravures; c'est un dialogue entre Satan et un ange en présence d'un mourant entouré de sa famille. Cet opuscule obtint une grande vogue à la fin du xv° siècle.

Balzac. *Œuvres*. Paris, 1644, in-4°, mar. rouge, à mosaïque de maroquin vert; armes d'Anne d'Autriche. Vente Lignerolles, 1894, n° 2124 : 6,000 fr.

C'est grâce à sa provenance illustre et à la beauté de sa reliure que ce volume est arrivé à un prix exceptionnel.

Bernardus Justinianus Patritius. Venetiis. *De Origine Urbis Venetiarum.* Venetia, 1534, in-f°; catalogue Morgand, 1893, offert à 7,500 fr.

Exemplaire Grolier. Non décrit par Le Roux de Lincy.

Boccace. *De la Ruine des nobles hommes et femmes.* Bruges, 1476, in-f°, goth. à 2 col. Vente L. Téchener, 1876, n° 839 : 20,000 fr.

Très bel exemplaire d'un volume rarissime et regardé comme le premier imprimé à Bruges avec date. Provenant de la vente Sunderland.

Bruno Giordano Nolano. *Degl' Heroici furori dialogi X.* Parigi, 1585, in-8° de 16 ff. prélim. et 124 ff. de texte, mar. citron, mosaïque de mar. noir et rouge, bordé de filets, milieu doré au pointillé sur le dos et sur les plats. Vente Laroche La Carelle, 1888, n° 67 : 6,000 fr.

Très belle reliure qu'on doit regarder comme un chef-d'œuvre de Padeloup. (Provient des bibliothèques de Girardot et de Mac Carthy.)

Chasse royale (la), composée par Charles IX, 1625, in-8°, mar. rouge. Vente comte de Mosbourg, 1893, n° 64 : 6,950 fr.

Volume fort recherché; son origine royale est une des causes principales de sa haute fortune.

Chevalier délibéré (le), imprimé à Gouda par Gotfr., vers 1486, in-f°, mar. Seul exemplaire connu de cette édition. Vente comte de Mosbourg, 1893, n° 103 : 13,520 fr.

CORNEILLE. *Théâtre*, Paris, 1706, 10 volumes in-12, mar. vert; armes de Mme de Chamillart. Vente Roger (du Nord), 1884, n° 300 : 5,200 fr.

Entrée d'Henri II à Paris, 1549, in-4°, de 39 ff. dont un blanc et deux planches; 1 vol. mar. brun. Vente Lignerolles, 1894, n° 2684 : 8,000 fr.

Un des chefs-d'œuvre de la gravure sur bois au XVIe siècle; 11 figures admirablement dessinées.

Eschole de Salerne, en vers burlesques. 1651; in-12, mar. citron, mosaïque. Vente comte de Mosbourg, 1893, n° 98 : 10,060 fr.

C'est un prix bien élevé, sans doute, mais qu'explique la très grande rareté de ce volume, qui est un des plus remarquables de la collection elzévirienne.

HELIODORI *Æthiopicæ Historiæ libri decem*. Basileæ, 1552, in-f°, veau brun, riches comp. mosaïque. Vente L. Téchener, 1877, n° 130 : 12,000 fr.

Exemplaire Grolier, décrit par Le Roux de Lincy.

De tous les Grolier, c'est celui qui a obtenu le prix le plus élevé; il a passé dans la bibliothèque d'un fervent amateur établi à New-York.

Cet exemplaire portait les insignes d'Henri II, unis à ceux de Diane de Poitiers; on sait combien une pareille origine ajoute à la valeur du volume, qui fait un des plus beaux ornements d'une collection d'élite.

Horæ. In-8°, de 203 ff. de 22 grandes miniatures. Reliure ornée d'un semis de larmes et d'une dentelle composée des instruments de la Passion (XVe siècle). Vente Lignerolles, 1894, n° 4 : 11,000 fr.

Imitation de Jésus-Christ, traduite par Le Maistre de Sacy; grand in-8°, front. et fig. gravés. Vente Lignerolles, 1894, n° 281 : 6,000 fr.

Exemplaire aux armes d'Henriette de France, reine d'Angleterre; il est accompagné d'une lettre autographe adressée au cardinal Mazarin, et dans laquelle la reine expose la triste situation à laquelle elle est réduite.

Jovii (Pauli). *De vita Leonis Decimi.* Florentiæ, 1549, in-f°, veau brun, comp. Vente L. Téchener, n° 624: 7,450 fr. Exemplaire Grolier.

La Fontaine. *Contes.* Amst. (Paris), 1762, 2 vol. in-8°, mar. rouge; armes de Mme de Pompadour. Vente Laroche La Carelle, 1888, n° 253 : 15,500 fr.

La Fontaine. *Fables choisies,* 1678-94, 5 vol. in-12, mar. rouge, reliure de Boyet. Vente de Mosbourg, 1893, n° 119 : 10,000 fr.

La reliure de Boyet entre pour une bonne part dans ce prix, qu'on a regardé comme un peu élevé.

La Fontaine. *Fables choisies,* 1755-1759, 4 vol. in-f°, mar. rouge. Vente de Mosbourg, 1893, n° 120 : 7,500 fr.

A la vente Lignerolles, un autre exemplaire de cette édition justement recherchée a été adjugé à 6,000 fr.

LONGUS. *Daphnis et Chloé*. Paris, 1757, in-4°, mar. rouge. Quentin Bauchart, n° 133, très belle reliure. Cet exemplaire fut découvert en Hongrie et payé 10 francs. Apporté à Paris, il fut vendu 200 francs à un libraire qui sut en tirer un grand parti, et il passa dans la collection du baron Laroche La Carelle ; à la vente de cet amateur, il s'est élevé au prix de 6,700 fr., n° 311.

La reliure mosaïque peut être regardée comme un des chefs-d'œuvre de Padeloup. Il avait été payé, à la vente J.-Ch. Brunet, 6,000 fr., n° 412.

LONGUS. *Daphnis et Chloé*, 1718, in-8°, mosaïque de Padeloup, aux armes du Régent. Vente comte de Mosbourg, 1893, n° 177 : 12,500 fr.

Édition qui n'est pas bien rare, mais exemplaire que recommandent une origine illustre et une reliure d'une beauté exceptionnelle. Un autre exemplaire de cette même édition avait l'avantage d'avoir les plats de la reliure décorés des trois tours qui constituent les armes de Mme de Pompadour ; il ne pouvait manquer de fournir l'occasion d'une lutte fort animée.

MARGUERITE DE NAVARRE. *L'Heptaméron français*. Berne, 1780, 3 vol., in-8°, mar. rouge. Vente Lignerolles, 1894, n° 1881 : 8,320 fr.

MONTESQUIEU. *Le Temple de Gnide*. Paris, 1794, in-8°, mar. rouge. Exemplaire unique sur vélin, contenant les dessins originaux d'Eisen et les 10 figures peintes à la gouache. Vente Lignerolles, 1894, n° 1762 : 14,000 fr.

Prix bien élevé, sans doute, mais que justifient les diverses circonstances exceptionnelles qui se rattachent à ce volume, qui a été l'objet d'une lutte acharnée entre deux bibliophiles des plus fervents.

MONTPENSIER (Mlle DE). *Recueil de Portraits.* Paris, 1659, in-8° de 912 pages, mar. rouge. Vente Laroche La Carelle, 1888, n° 510 : 15,080 fr.

MORUS (Thomas). *Description du royaume d'Utopie.* Paris, 1550, in-8°, mar. bleu. Vente Laroche La Carelle, 1888, n° 86 : 9,100 fr. Aux armes de Louis XIII et d'Anne d'Autriche.

Ce volume méritait le prix qu'il a obtenu : sa provenance royale et la célébrité de l'œuvre d'un illustre chancelier d'Angleterre se réunissent pour en faire un joyau digne d'envie.

PASCAL. *Les Provinciales.* Cologne, 1700, 2 vol. in-12, mar., armes de Mme de Chamillart. Vente comte de Mosbourg, 1893, n° 26 : 9,250 fr.

A la vente du comte de Lignerolles, 1894, n° 243, cet exemplaire s'est élevé à 6,020 fr.

SAINT AUGUSTIN *(Les Lettres de),* traduites par Du Bois. Paris, 1701, 6 vol. in-8°, mar. citron. Vente Laroche La Carelle, 1888, n° 36 : 9,000 fr.

Très bel exemplaire, armes de Mme de Chamillart.

Songe de Poliphile. Venise, 1499, in-f°, veau fauve, riche reliure du XVIe siècle. Magnifique exemplaire. Vente comte de Mosbourg, 1893, n° 216 : 10,020 fr.

Cet ouvrage singulier, orné de gravures sur bois d'un mérite exceptionnel, a été fort délaissé pendant plus de deux siècles; mais, depuis, il a été l'objet d'une attention dont il est digne, de la part de plusieurs écrivains distingués, Paul de Saint-Victor entre autres.

Vision (la) de l'âme de Thurno et la Vision de Tondal, manuscrit in-f° de 34 et 44 ff. à 2 colonnes. Vente Ligne-rolles, 1894, n° 17 : 6,550 fr.

Bel exemplaire d'un livre fort curieux du xv° siècle; les relations qu'il renferme méritent de figurer dans ce qu'on appelle la *Divine Comédie,* avant Dante.

Girardot de Préfond fut l'un des connaisseurs les plus délicats du xviii° siècle; il était dans le commerce, et des revers de fortune le décidèrent à livrer aux enchères, en 1756, la collection qu'il avait formée avec beaucoup de goût. Il eut ensuite le bonheur, sa situation s'étant améliorée, de pouvoir former une autre bibliothèque rivale de celle qu'il n'avait plus, et celle-ci, il la vendit en bloc à un bibliophile des plus distingués, le comte de Mac-Carthy.

Signalons quelques-uns des articles provenant de cette collection si vivement recherchée :

Degl' Heroici furori, par Giordano Bruno. Parigi, 1585, in-8°, mar., belle reliure de Padeloup : 7,100 fr., vente Laroche La Carelle, 1889, n° 67. Cet exemplaire avait été payé 6,000 fr. à une vente antérieure faite par le même amateur.

L'auteur de ce volume fort rare était un moine napolitain qui, échappé de son couvent, parcourut une partie de l'Europe en jetant sur son passage des écrits en latin et en italien, la plupart inintelligibles, et qui finit par périr sur les bûchers de l'Inquisition romaine.

Citons du même auteur *Spacio de la Bestia triomphante.* Parigi, 1584, in-8°, mar. citron.

Réuni à un autre ouvrage de Bruno, *La Cena de le Ceneri,* s. l., 1584, in-8°, il fut adjugé à 549 fr. à la vente Mac-Carthy en 1817. Il passa en Angleterre, et il eut acheteur à 12 livres sterling, à la vente Hanrott en 1844 :

il a reparu à la vente du baron Laroche La Carelle, où il s'est élevé à 8,100 fr. Une riche reliure de Padeloup en mosaïque de maroquin noir et rouge, bordée de filets, milieu au pointillé sur le dos et sur les plats, est entrée pour une large part dans ce prix.

Un exemplaire des *Songes drolatiques de Pantagruel.* Paris, 1565, in-8°, mar. rouge : 1,500 fr., vente Brunet, 1868, n° 430.

Les *OEuvres de Rabelais*, 1741, 3 vol. in-4°, mar. rouge, grand papier : 3,950 fr., vente Brunet, 1868, n° 425; elles n'avaient pas dépassé 70 livres en 1756.

Mystère du vieil testament. Paris, 1542, in-f°, mar. rouge : 1,050 fr., à la vente du baron Pichon, 1869, n° 673.

Nous nous arrêtons... par discrétion uniquement; mais avant de finir nous aurons recours à la plus vaste bibliothèque qu'un particulier ait formée en France; elle nous fournira bien des indications sur l'impulsion donnée depuis un siècle à la valeur des livres rares. Ce sera l'objet de la troisième partie de notre travail.

III

Louis-César de la Baume Le Blanc, duc de La Vallière, petit-neveu de la célèbre Carmélite, né le 9 octobre 1708, mort le 16 novembre 1780, reste comme le bibliophile le plus fervent que la France ait possédé, et peut-être ne rencontrera-t-elle jamais un rival qu'on puisse lui comparer; sa réunion de livres imprimés au XV° siècle n'a jamais été surpassée; elle l'emporte sur la bibliothèque spéciale et très riche qu'avait formée vers la fin du siècle dernier le comte de Mac-Carthy, et qui fut livrée aux enchères en 1817.

Indépendamment de la partie précieuse de livres en tous genres dont le catalogue, rédigé par le libraire Nyon et publié en 1788, forme 6 volumes in-octavo, ces livres, qui furent achetés en bloc par le marquis de Paulmy et cédés au comte d'Artois, tombèrent dans le domaine public comme biens d'émigré; ils forment depuis long-temps le fonds de la bibliothèque de l'Arsenal. On y rencontre de nombreux volumes qui étaient délaissés à l'époque où le duc de La Vallière se livrait à ses acquisitions continuelles; mais peut-être nous sera-t-il donné de pouvoir un jour en parler avec quelques détails.

Le duc, impatient lorsqu'il s'agissait d'accroître ses richesses littéraires, achetait parfois des bibliothèques en bloc lorsque l'occasion s'en présentait; c'est ainsi qu'il fit l'emplette de la bibliothèque, fort bien choisie, d'un riche négociant nommé Bonnemet, brave homme qui lisait fort peu et qui convenait qu'il n'aimait pas les éditions *princesses;* le marché fut conclu pour la somme fort modique de 18,000 livres (voir Renouard, catal. d'un amateur, t. IV, pages 35-270).

La vente de la première partie de la bibliothèque La Vallière produisit 454,677 livres en 1784, somme très forte pour l'époque; aujourd'hui, grâce à la hausse souvent énorme et toujours très considérable qu'ont obtenue les livres précieux, on arriverait certainement à un produit qui atteindrait plusieurs millions.

La première partie, catalogue rédigé par le libraire Guillaume de Bure fils aîné, contenait 5,668 articles. La deuxième partie, catalogue rédigé par le libraire Nyon, contenait 26,537 articles.

Les livres les plus précieux, les éditions du XVe siècle, les volumes imprimés sur vélin abondent dans cette collection sans rivale; le prix le plus élevé que nous

ayons rencontré est celui de 1,500 fr. pour un exemplaire de Virgile, édition sans lieu ni date, et que des
bibliographes autorisés regardent comme la première des
œuvres du grand poëte latin. On ne trouve ensuite que
trois ou quatre ouvrages ayant dépassé le chiffre de mille
francs, et parmi eux on rencontre un exemplaire de la
précieuse collection des *Grands et Petits Voyages*, publiée
à Francfort par les frères de Bry.

La majeure partie des volumes que possédait le duc de
La Vallière sont reliés en maroquin, mais les noms des
relieurs ne sont indiqués nulle part ; il y a tout lieu de
croire que Padeloup, d'abord, et ensuite Derome appor-
tèrent leur concours, et la tradition a conservé le nom
de Chameau, industriel qui n'était pas sans mérite, mais
dont le nom est demeuré obscur.

Nul doute que parmi les volumes réunis avec tant de
zèle et d'intelligence, il ne s'en trouvât un grand nombre
qui avaient déjà figuré chez des personnages célèbres. De
Bure a été très sobre d'informations à cet égard ; il n'a
mentionné qu'un seul volume de Grolier, n° 4443 :
Francisci Philelfi *Epistolarum familiarun XXXVII*. Venitiis, 1502, in-f°, adjugé à 21 livres ; nous trouvons aussi
deux livres ayant appartenu au comte d'Hoym : Pauli
Æmilii de *Rebus gestis Francorum*, Parisiis, 1539, in-f°,
adjugé à 59 livres.

Valerii Maximi *Dictorum factorumque memorabilium
libri IV*. Venetiis, 1471, in-f°, adjugé à 908 livres.

La comparaison des prix obtenus en 1784 avec ceux
qui ont été payés depuis aurait sans doute quelque intérêt ;
mais elle dépasserait les bornes que nous devons nous
prescrire. Contentons-nous de citer quelques exemples :

Biblia Polyglotta. Compluti, 1517, 6 vol. in-f°, mar.
rouge : 710 livres.

Biblia Polyglotta. Antverpiæ, Plantinus, 1569, 8 vol. in-f°, mar. rouge : 296 livres.

Biblia Polyglotta. Parisiis, 1645, 10 vol. in-f°, veau : 315 livres.

Biblia Polyglotta. Londini, 1657, 14 vol. in-f°, mar. rouge : 1,251 livres. Un des 12 exemplaires tiré sur très grand papier. Il est extrêmement rare de trouver réunis dans la même bibliothèque des exemplaires des quatre grandes polyglottes.

Psalterium Hebræum, Græcum, Arabicum. Genuæ, 1516, in-f°, mar. bleu, imprimé sur vélin : 192 livres.

Biblia in lingua vulgare, tradutta per Nicolo de Mallermi, 1471, 2 vol. in-f°, mar. rouge, exemplaire sur vélin : 720 livres.

La Bible historiée, traduite du latin, de Pierre Comestor, Paris, Antoine Vérard, 4 vol. in-f°, mar. rouge, avec 410 miniatures : 500 livres. Exemplaire sur vélin.

Guillelmi Durandi *Rationale divinorum officiorum.* Moguntiæ, 1459, in-f°, mar. rouge, première édition, exemplaire imprimé sur vélin : 2,700 livres.

Psalmorum Codex. Moguntiæ, per Petrum Schöffer de Gernszheim, 1502, in-f°, veau fauve, édition d'une extrême rareté : 315 livres.

Breviarum secundum regulam Beati Hysidori. Toleti, 1502, in-f°, mar. violet : 1,554 livres.

Justiniani Imperatoris *Institutionum libri IV.* Moguntiæ, 1472, in-f°, mar. rouge, exemplaire sur vélin : 680 livres.

Planudis Rhetoris *Anthologia epigrammatum Græcorum.* Florentiæ, 1494, in-4°, veau fauve. Première édition, exemplaire sur vélin.

Aristophanus *Comœdiæ novem, græce, cum Scholiis græcis.* Venetiis, Aldus, 1498, in-f°, mar. rouge, première édition : 76 livres.

Titii Lucretii Cari *De rerum natura libri sex*. Lutetiæ, 1744, 2 vol. in-12, mar. rouge, exemplaire sur vélin : 100 livres.

Virgilius Maronis *Opera*. Romæ, 1469, in-f°, mar. bleu, n° 2433 : 4,100 livres. Édition extrêmement rare, exécutée par Sweynheym et Pannartz.

Virgilius, s. l. ni date, in-f°, mar. rouge, 207 feuillets, édition rarissime : 759 livres.

OEuvres de Virgile translatées par Guillaume Michel. Paris, 1529, in-f°, exemplaire sur vélin : 420 livres.

Ovide. *Du Remède d'Amour*. Paris, 1509, in-f°, mar. rouge, exemplaire sur vélin : 200 livres.

Lucanus. *Pharsalia*. Romæ, 1469, in-f° : 760 livres. édition princeps.

Calphurnii *Eclogæ XI*. Romæ, 1471, in-f°, mar. rouge : 1,160 livres, édition princeps.

Juvénal. Venetiis, Aldus. In-8°, mar. bleu, exemplaire sur vélin : 240 livres.

Roman des trois Pèlerinages, par Guillaume de Guileville. Paris, sans date, in-4°, mar. bleu, exemplaire sur vélin : 201 livres.

Roman de la Rose. Paris, 1529, in-8°, mar. violet, exemplaire du comte d'Hoym : 65 livres.

La Danse macabre. Paris, in-f°, mar. bleu, exemplaire sur vélin : 222 livres.

Paraboles de maître Alain. Paris, 1492, in-f°, mar. citron, exemplaire sur vélin : 400 livres.

Chasse et départ d'Amours, par Octavien de Saint-Gelais. Paris, 1509, in-f°, mar. rouge, exemplaire sur vélin : 240 livres.

Mystère de la Sainte Hostie. Paris, in-8°, mar. rouge : 102 livres.

Nouveau monde avec l'estrif. Paris, in-8°, mar. citron, exemplaire sur vélin : 110 livres.

Destruction de Troye. Paris, 1498, in-f°, mar. bleu, exemplaire sur vélin, 690 livres.

Mystère de la Passion, par Jean Michel. Paris, 1490, in-f°, mar., exemplaire sur vélin : 702 livres.

Mystère de la vengeance de Notre-Seigneur Jésus-Christ. Paris, 1493, in-f°, mar. rouge, exemplaire sur vélin : 1,500 livres.

Jeu du Prince des Sots, par Pierre Gringoire. Paris, in-4°, mar. : 461 livres.

Vie de saint Christophe. Grenoble, 1530, in-4°, mar. vert : 160 livres.

Lyon marchand, satyre françoise, par Barth. Aneau. Lyon, 1542, in-8°, mar. rouge : 201 livres.

Longus. *Daphnis et Chloé*. Paris, 1718, in-8°, mar., exemplaire rempli de corrections manuscrites : 460 livres.

Vie et prophéties de Merlin. Paris, 1498, 3 vol. in-f°, mar. rouge : 244 livres.

Tristan de Leonnois. 2 vol. in-f°, mar. bleu, exemplaire sur vélin : 400 livres.

Ogier le Danois. Paris, in-f°, mar. rouge, exemplaire sur vélin : 212 livres.

Roman de Milles et Amys. Paris, in-f°, mar. vert, exemplaire sur vélin : 430 livres.

Histoire d'Alexandre le Grand. Paris, in-4°, veau : 9 liv. Un des plus rares des romans de chevalerie ; il manquait à la collection spéciale de M. Cigongne, où se trouvaient réunis à peu près tous les ouvrages de ce genre.

Histoire du roi Perceforest. Paris, 1528, 6 vol. in-f°, mar. rouge, exemplaire sur vélin : 1,601 livres.

Macrobii *Opera*. Venetiis, 1472, in-f°, mar. bleu, première édition : 726 livres.

Aventures de Télémaque. Amst., 1734, in-f°, mar. bleu : 539 livres.

Auli Gellii *Noctes Atticæ.* Romæ, 1469, in-f°, mar. rouge, édition princeps : 1,130 livres.

Deux autres éditions, dont l'une de 1469 adjugée à 500 livres, et l'autre de 1472 adjugée à 600 livres.

Cynthio delli Fabritii. *Libro della origine volgari proverbi.* Vinegia, 1526, in-f°, mar. rouge : 126 livres.

Ce recueil de contes où se montre toute la liberté du langage admis alors en Italie n'a jamais été traduit, le texte est fort incorrect; nous avons vu une version française du premier proverbe qui avait été entreprise comme essai, et tirée à quelques exemplaires seulement.

Alciat. *Livre des emblèmes.* Paris, 1536, in-8°, mar. rouge, exemplaire sur vélin : 50 livres.

Luciani *Opera.* Florentiæ, 1496, in-f°, mar. bleu, édition princeps : 720 livres.

Bluet Darberes. *Œuvres,* 1600, 3 vol. in-12, mar. bleu : 168 livres. Cet exemplaire, le plus complet que l'on connaisse, avait été acheté 195 livres à la vente Gaignat.

C'est l'œuvre d'un auteur qui avoue ingénument qu'il ne sait ni lire ni écrire, et qui émet toutes les sottises les plus étranges; il a eu l'honneur de provoquer des monographies fort curieuses de la part de deux bibliographes éminents : MM. Octave Delepierre et Paul Lacroix.

Senecæ *Epistolarum ad Lucilium libri XXV.* Romæ, 1475, in-4°, mar. rouge : 500 livres; édition princeps.

Petri Delphini Veniti *Prioris factæ Eremi.* Venitiis, 1524, in-f°, maroquin rouge, exemplaire de Colbert : 374 livres.

Collectiones Peregrinationum in Indiam orientalem et in

Indiam occidentalem XXV. Francofurti, 1590, 7 vol. in-f°, mar. bleu : 1,950 livres.

Delle Navigationi et Viaggi racolti da M. Giov. Bat. Ramusio. Venegia, 1583-1595, 3 vol. in-f°, mar. citron : 144 livres.

La Mer des Histoires, par Jean Columna. Paris, Antoine Vérard, 2 vol. in-f°, mar. bleu, exemplaire sur vélin : 300 livres.

Justini *Historici in Trogi Pompeii Historias libri XLIV.* Venetiis, 1470, in-f°, mar. rouge, édition princeps : 680 livres. Une autre édition, Romæ, 1470, adjugée à 179 livres.

Généalogies, faits et gestes des Saints Pères. 1519, in-f°, mar. rouge, exemplaire sur vélin : 550 livres.

Albizzi Bartholomæ. *De Pisis Liber conformitatum vitæ Beati Francisci ad vitam Dom.* Medionali, 1510, in-f°, mar. rouge, édition originale : 450 livres.

Histoire et Recueil de la triomphante victoire obtenue sur les Luthériens, par Nicolas Volcyre. Paris, 1526, in-f°, mar. bleu, exemplaire sur vélin : 500 livres.

Josèphe, historiographe grec. *De l'Antiquité.* Paris, 1534, in-f°, mar. rouge, exemplaire sur vélin : 570 livres.

Thucydide. *Histoire de la Guerre.* Paris, 1527, in-f°, mar. rouge, exemplaire sur vélin : 350 livres.

Quintus Curtius. *Alexandri Magni libri novem.* Venetiis, 1470, in-4°, mar. rouge : 619 livres.

Tacitus libri quinque. Romæ, 1515, in-f°, mar. rouge, édition princeps très rare : 499 livres.

Suetonius. Romæ, 1470, in-4°, mar. rouge, édition princeps : 1,340 livres.

Les très élégantes, très véridiques Annales des pieux chrétiens modérateurs des Gaules, par Nicole Gilles. Paris, 1525, 2 vol. in-f°, mar. rouge, ex. sur vélin : 802 livres.

Le Rosier historial de France. Paris, 1522, in-f°, **mar.** violet : 550 livres.

Monstrelet. *Chroniques de France.* Paris, 1498, 3 vol. in-f°, mar. rouge, exemplaire sur vélin : 640 livres.

Haultin. *Figures sur les monnaies des Français.* 1619, in-4°, mar. bleu : 361 livres.

Pitture Antiche d'Escorlano. Napoli, 1757, 7 vol. in-f° : 812 livres.

Plutarque. *Vie des hommes illustres.* Paris, 1559, 2 vol. in-f° : 900 livres.

Plutarque. *OEuvres mêlées.* Paris, 1574, 7 vol. in-8°, mar. rouge : 403 livres.

Boccace (Jean). *Le Livre des nobles malheureux.* Paris, 1494, in-f°, mar. rouge, exemplaire sur vélin : 360 livres.

Une autre édition, datée de 1476 : 141 livres.

Valerius Maximus. Moguntiæ, 1471, in-f°, mar. bleu, exemplaire sur vélin : 1,500 livres.

Les deux auteurs français vers lesquels la bibliophilie se porte avec le plus d'ardeur sont Rabelais et Molière.

Les chances de destruction se sont accumulées autour des impressions primitives des écrits de maître François ; il y a telle de ces éditions dont on ne connaît qu'un exemplaire unique ; il en est d'autres dont l'existence reste conjecturale, car nulle preuve n'est venue établir leur existence. Le duc de La Vallière possédait, dans son immense bibliothèque, douze publications rabelaisiennes du xvi° siècle.

Grande et merveilleuse vie de Gargantua, sans date, adjugé à 10 fr., n° 3863.

Vie de Gargantua, père de Pantagruel. Lyon, 1542, in-8°, n° 3864 : 12 fr.

La Plaisante Histoire de Gargantua. Valence, 1547, in-12, mar. rouge, n° 3865 : 12 fr.

Les Prouesses du très renommé Pantagruel. 1533, in-8°, n° 3866 : 3 fr.

Pantagruel, roi des Dipsodes, restitué à son naturel. Lyon, 1542, in-8°, veau, n° 3867 : 5 fr.

Grandes Annales du roi Gargantua et de Pantagruel son fils. 1542, in-18, mar. rouge.

Pantagruel, roi des Dipsodes, restitué à son naturel, n° 3868 : 15 fr.

Les Chroniques du roi Gargantua, cousin du très redouté Galimassue. Troyes, in-16, mar. rouge, n° 3869.

Le Tiers et le Quart livres des faits du bon Pantagruel. Paris, 1552, 2 vol. in-8°, n° 3870 : 8 fr.

Les Songes drolatiques de Pantagruel. Paris, 1565, in-8°, mar. rouge, n° 3871 : 62 fr.

Grandes et récréatives Pronostications, sans date, n° 3874 : 6 fr.

La Navigation du compagnon à la bouteille. Troyes, sans date, n° 3872 : 4 fr.

Un exemplaire de la *Vie de Gargantua,* qui n'avait pas dépassé trois livres à la vente Pompadour, s'est élevé à 520 fr. à celle de M. Chedeau, en 1865, n° 820.

Mentionnons ici quelques adjudications modernes :

A la vente du comte d'Hoym en 1739, un volume contenant les livres 3 et 4 fut adjugé au prix de 19 livres. Il a reparu à la vente du marquis de Gamay en 1885, où il fut adjugé à 14,400 fr.

A la vente Laroche La Carelle, en 1888 :

Les Horribles faits du très renommé Pantagruel. Paris, sans date (1533), mar. orange, n° 340 : 1,520 fr.

La Vie très horrificque du grand Gargantua. Imprimé à Lyon, in-16, mar. rouge, n° 341 : 780 fr.

Pantagruel, roi des Dipsodes, restitué à son naturel.
Lyon, in-16, mar. bleu, n° 342 : 343 fr.

Pantagruéline Prognostication. Lyon, 1542, in-16, mar.
bleu, n° 343 : 410 fr.

Le Tiers livre des faictz du noble Pantagruel. Lyon,
1547, in-16, mar. citron, n° 344 : 410 fr.

*Le Quart livre des faictz et dictz héroïques du noble
Pantagruel.* Lyon, 1548, in-16, mar. citron, n° 345 : 410 fr.

Le Tiers livre des faictz héroïques du noble Pantagruel.
Paris, 1552, in-8°; le *Quart livre*, relié dans le même
volume. Paris, 1552, 1 vol. in-8°, mar. citron, n° 346 :
320 fr.

Les *Œuvres de Rabelais* contenant la vie de Gargantua
et de son fils Panurge, avec la *Pronostication pantagrué-
lique*, s. l. Paris, 1553, in-16, mar. fauve, n° 347 : 300 fr.

Vente Lignerolles, 1894 :

Le Vrai Gargantua notablement embelli. S. l. n. d., in-4°,
n° 1780 : 1,350 fr.

Les Horribles Faits et Prouesses de Pantagruel. 1534,
in-8°, n° 1781 : 1,000 fr.

Indiquons quelques articles dignes d'attention :

Juvénal. N° 12118 : 4,000 fr. Exemplaire Grolier, cité
par Le Roux de Lincy.

Théâtre de Corneille. Paris, 1682, in-12, mar. rouge,
n° 11896 : 10,000 fr. (cat. Morgand).

Dernière édition donnée du vivant de Corneille et
donnant le texte définitif adopté par l'auteur.

La Folle Journée, par Beaumarchais. Paris, 1785, in-8°,
mar. vert, n° 11789 : 10,000 fr. (cat. Morgand).

Exemplaire relié par Cuzin, contenant diverses suites
de figures et portraits.

La Fontaine. *Fables choisies, mises en vers.* Paris, 1755-

1759 4 vol. in-fº, mar. rouge, nº 12147 : 10,000 fr. (cat. Morgand).

L'édition originale d'un des plus éclatants chefs-d'œuvre de la littérature française ne saurait être payée trop cher.

La Rochefoucauld. *Sentences et Maximes.* La Haye, 1664, in-8º, veau, nº 12164 : 6,000 fr. (cat. Morgand).

Volume précieux, mis pour la première fois en lumière par M. A. Willems en 1879; il avait jusqu'à cette époque échappé à toutes les recherches. Il contient le texte original et authentique des *Maximes* de La Rochefoucauld. L'édition est antérieure d'un an à la première édition française.

Meschinot. *Les Lunettes des princes.* Paris, 1539, in-16 de 128 ff., nº 12239 : 8,000 fr. Exemplaire aux armes de Charles-Quint.

Temple de Gnide. Paris, 1772, in-8º, mar. rouge, nº 12274 : 7,000 fr. Figures en double état, quelques-unes avec des modifications; volume d'une rareté extrême.

Querlon. *Les Grâces.* Paris, 1769, in-8º, mar. orange, nº 12358 : 5,000 fr. Volume qui occupe une place distinguée parmi les livres illustrés du xviiiᵉ siècle, grâce aux 6 figures dessinées par Moreau.

Molière rencontre des adorateurs tout aussi enthousiastes que Rabelais. On peut en juger par les prix ci-après :

Catalogue Morgand, 1887 :

Molière. *Œuvres.* Paris, 1773, 6 vol. in-8º, mar. rouge, nº 12254 : 15,000 fr.

Les figures de Moreau donnent du prix à cette édition; elles sont ici en double état, avant et après la lettre.

Répertoire Morgand, 1893 :

Molière. *Le Tartufe.* Paris, 1673-1675, 3 pièces en un volume, in-12, mar. rouge, nº 4324 : 1,000 fr.

Molière. *Les Fâcheux* (comédie). Paris, 1662, in-12, mar. rouge, n° 4332 : 400 fr.

— *Le Misanthrope.* Paris, 1667, in-12, mar. rouge, n° 4338 : 800 fr.

— Paris, 1734, 6 vol. in-4°, mar. rouge, n° 12252 : 5,000 fr.; figures d'après Boucher.

— Paris, 1682, 8 vol. in-12, mar. rouge, n° 12251 : 8,000 fr.

Première édition renfermant 6 pièces restées jusque-là inédites C'est la première qui offre un texte conforme à la représentation.

Le xviii° siècle présente une suite assez nombreuse de livres qui ne doivent la faveur dont ils jouissent qu'au talent des dessinateurs qui les ont illustrés. Au premier rang de ces livres, se montrent ceux de Dorat, dont la poésie est tombée dans le discrédit le plus complet, mais dont quelques écrits sont devenus l'objet de convoitises ardentes, grâce au talent des artistes qui leur ont accordé un appui indispensable. On peut citer en ce genre : Eisen, qui a illustré de 23 gravures le poème intitulé : *Les Baisers;* M. Morgand, dont on connaît l'intrépidité, n'a pas hésité d'inscrire l'exemplaire richement relié au prix de 12,000 fr., n° 11945.

Il est des ouvrages qui, sans avoir besoin de recourir à l'illustration, doivent la faveur dont ils jouissent à leur mérite réel et au désir et à la prédilection dont certaines de leurs éditions sont l'objet de la part de bibliophiles délicats. Dans cette catégorie, on peut placer les romans de Mᵐᵉ de La Fayette : *La Princesse de Clèves* et *Zaïde,* dont les éditions originales sont très recherchées, ainsi que celles des *Contes* de Charles Perrault, imités d'un recueil de narrations populaires napolitaines, et le chef-

d'œuvre de l'abbé Prévost : *Histoire de Manon Lescaut,*
dont l'édition datée de 1756 est un livre que tous les
amateurs désirent vivement placer dans leur cabinet.

Une mention spéciale est due à l'un des volumes les
plus curieux conservés dans la bibliothèque que nous
analysons : il s'agit du manuscrit célèbre connu sous le
nom de *Livre d'Heures de Bussy-Rabutin,* et dans lequel
se trouvaient les portraits sur vélin de divers seigneurs de
la cour de Louis XIV, encore jeune, dont les femmes ne
passaient pas pour des modèles de vertu. Ce manuscrit,
de 39 feuillets, portait primitivement les noms des personnages représentés ; mais ces noms avaient été ensuite
grattés. Boileau a fait mention de ce singulier album,
qui, après la mort de Bussy, fut remis à sa fille la
marquise de Montataire, et qui entra plus tard dans le
cabinet du duc de La Vallière, il est l'objet d'une longue
note (voir le n° 5235) ; il fut adjugé à 2,400 francs, prix
qui serait aujourd'hui bien dépassé.

Ne prenons pas congé du duc de La Vallière sans
signaler une anecdote assez originale.

A l'époque du second Empire, il existait à Paris un
éditeur qui eut un moment de notoriété et qui se nom-
mait Jules Gay ; il signait quelquefois les livres qu'il
mettait au jour du nom du libraire « qui n'est pas triste ».

Il transporta successivement ses presses de Paris à
Bruxelles, à Genève, à Turin, à San-Remo, et revint à
Bruxelles, où il mourut laissant un fils, Jean Gay, que la
mort a également frappé et qui s'occupa de travaux
bibliographiques. Il publia entre autres une notice sur les
femmes bibliophiles et fit figurer dans cette galerie, à
côté de la comtesse de Verrue et de la marquise de Pompadour, la *célèbre pénitente,* à laquelle il attribua sans
hésiter la possession de plus de soixante mille volumes.

L'erreur est un peu forte; on pourrait en indiquer quelques autres non moins pardonnables; nous nous bornerons à en signaler deux : le journal *le Siècle*, lançant une attaque violente contre l'Inquisition, affirmait qu'elle avait brûlé Galilée tout vif, et un bibliographe belge J. Nanure, publiant un mémoire sur les *Ana*, faisait figurer dans cette classe de livres, aujourd'hui bien démodée, un roman fort connu de George Sand : *Indiana*.

Quatre ans après la vente La Vallière, eut lieu celle du prince de Soubise, laquelle comprenait la collection entière formée par l'illustre président au Parlement de Paris Jacques-Auguste de Thou. Cette bibliothèque, la plus belle et la mieux choisie qui existât à Paris à la fin du XVIIe siècle, était surtout composée d'ouvrages latins se rapportant à des études sérieuses; les ouvrages d'imagination y occupaient peu de place; elle fut achetée en bloc par un cardinal de Rohan, qui la légua à un prince de sa famille. Le catalogue comprend 8,302 numéros; malheureusement, il est loin d'avoir été rédigé avec le soin que réclamait son importance. La vente fut confiée à un libraire dépourvu d'intelligence.

Les livres ayant appartenu à de Thou portent ses armoiries, qui se modifièrent quatre fois par suite de deux mariages successifs; ils sont pour la plupart reliés en maroquin, quelques-uns en vélin; ils ne sont pas très rares, et le prix, tout en dépassant sensiblement celui qui se payait en 1788, reste en général loin d'atteindre une hauteur exagérée; il n'y a d'exception que pour quelques volumes que recommandent des circonstances particulières. Citons-en quelques exemples :

Æsopi et Aliorum *Fabulæ*. Antuerpiæ, 1560, in-8°, mar. : 500 fr., Morgand, 1891; 6 livres en 1788.

Baïf. *Étrennes de poésies françaises*. Paris, 1574, in-4°, vélin : 920 fr., vente A.-F. Didot, 1878, n° 312 ; 18 livres, Soubise.

Entrée de Louis XIII à Lyon, 1623, in-f° : 5,925 fr., vente Beckford, 1883, n° 1899.

Entrée d'Henri II à Paris, 1549 : 13,000 fr., vente Mosbourg, février 1894, n° 285 : 20,200 fr., vente Destailleur, 1891 ; à la vente Beckford, 1882, il avait été vendu 11,750 fr. Chef-d'œuvre de la gravure sur bois au XVIᵉ siècle.

Histoire universelle, par de Thou, depuis 1543 jusqu'en 1607. Paris, 1734, 16 vol. in-4°, mar. rouge, armes du comte d'Hoym : 1,090 fr. à la vente Lignerolles, 1894, n° 2573 ; 108 livres, Soubise, n° 6941.

Froissart (Jehan). *Les Chroniques de France,* 1512, 2 vol. in-f°, mar. rouge : 599 fr., vente Laroche La Carelle, 1888, n° 486 ; 200 livres, Soubise.

Nic. Trigaut. *De Christiana Expeditione*. Lugduni, 1616, in-4°, mar. vert : 1,020 fr., vente Brunet, 1868, n° 570. Très belle reliure, même système d'ornementation que celui que l'on admire sur divers volumes de de Thou : des volutes et des rinceaux de feuillages.

Ronsard. *Les Œuvres*. Paris, 1609, in-f°, mar. vert : 1,250 fr., vente L. Double, 1863, n° 112 ; 10 liv., Soubise.

Libri de re rustica. Lutetiæ, 1543, 1 vol. in-8°, mar. vert : 760 fr., vente L. Double, 1863, n° 349 ; 25 livres, Soubise.

Recueil d'Estampes représentant les troubles, massacres survenus en France. Paris, 1573, in-f°, mar. vert, comp., volutes et rinceaux de feuillages : 12,000 fr., vente Laroche La Carelle, 1888, n° 93 ; 115 livres, Soubise. Ce bel exemplaire a appartenu à Renouard, qui l'indique dans son catalogue d'un amateur (1819), tome IV, page 128.

Propos rustiques de maistre Léon Radulfi. Lyon, 1547,
1 vol. in-8°, mar. vert : 500 fr., vente Lignerolles, 1894,
n° 1907.

Plinii Secundi *Epistolarum libri X.* Lugduni Batavorum,
1669, in-8°, mar. rouge : 700 fr., vente Brunet, 1868,
n° 526 ; 19 livres, Soubise. Ce volume est sorti des mains
d'un très habile relieur qui travaillait durant l'intervalle
qui sépare Le Gascon et Du Seuil.

Les Passages d'outre-mer de Godefroy de Bouillon,
sans lieu ni date, in-4°, mar. : 7,000 fr., vente baron
Pichon, 1869, n° 710.

Les bibliophiles recherchent avec avidité les volumes
porteurs de devises ou de blasons qui annoncent une
provenance distinguée. On se passionne également pour
les livres anciens que décorent de belles reliures bien
conservées ; nous pourrions citer à cet égard de très
nombreux exemples, nous nous bornerons à un très petit
nombre :

Les Provinciales, par Pascal. Cologne, 1700, 2 vol.
in-12, mar. rouge, exemplaire de Mme de Chamillart,
adjugé à 10,000 fr. à la vente Ganay.

Biblia sacra latina. Coloniæ, 1630, in-12, mar. rouge,
riche reliure, tranche à fleurs, fermoirs et coins en or
émaillé. Cette édition est recherchée à cause de sa belle
exécution et de sa correction ; les exemplaires n'en sont
pas très rares, parce que sans doute un tel livre aura été
tiré à fort grand nombre : 1,305 fr. en 1854, vente
Renouard, et 72 fr. seulement vente Lamy en 1809.

L'Utopie, par Thomas Morus. Paris, 1550, in-8°, mar.
bleu : 1,500 fr., vente J.-Ch. Brunet, 1868, n° 116 ; revendu
9,100 fr. à la vente Laroche La Carelle, 1888, exemplaire
de Louis XIII et d'Anne d'Autriche.

L'Apocalypse de saint Jean Zébédée, par Chocquet (Loys). Paris, 1541, in-f° : 6,430 fr., vente Beckford, 1883, n° 1136. Exemplaire de Louis XIII et d'Anne d'Autriche.

Les ventes faites en Angleterre nous offriraient une moisson d'une richesse extrême, mais pour le moment nous devons nous l'interdire ; nous ne mentionnerons qu'un seul fait, et il mérite d'être signalé.

Le livre le plus cher que nous ayons rencontré est le *Psalterium Codex,* de 1459, imprimé sur vélin, dont un exemplaire fut, en 1885, adjugé, après une lutte acharnée, à M. Quaritch, libraire à Londres, à 4,950 livres sterling (125,010 fr.) dans une vente faite par Sotheby et Wilkinson. C'est, nous le croyons du moins, le prix le plus élevé qui ait été payé pour un volume.

C'est le second livre imprimé avec date. Il est à peu près aussi rare que le *Psalterium* de 1457, dont on ne connaît que huit exemplaires, tandis qu'on signale dix exemplaires de celui de 1459, tous sur vélin. On s'attendait à voir ce vénérable monument typographique payé 2,000 à 3,000 livres sterling ; et ce prix aurait pu être envisagé comme déjà fort respectable.

En arrivant à la fin de nos recherches dans un grand nombre de catalogues, nous en rencontrons un de peu d'étendue, mais qu'on ne saurait passer sous silence, c'est celui de la vente du comte de Mosbourg, qui a eu lieu en 1893 ; on ne trouve pas d'autre exemple d'une réunion aussi riche de livres précieux ; un coup d'œil suffira pour montrer le rang qu'occupe ce mince catalogue dans les annales de la bibliomanie :

Sermons et Pensées de Bourdaloue, 16 vol. in-8°, mar. citron, ex. de Longepierre : 3,600 fr., n° 24.

Les Provinciales, par Pascal. Cologne, 1700, 2 vol. in-12, mar. doublé, armes de Mme de Chamillart : 9,250 fr., n° 26.

Cicéron. *De Officiis*. Elz., 1642, in-12, mar. doublé, armes du comte d'Hoym : 3,450 fr., n° 39.

Suite d'Estampes pour servir à l'histoire des mœurs et du costume en France, figures de Freudeberg et de Moreau : 9,000 fr., n° 59.

La Chasse royale, composée par Charles IX, 1625, in-8°, mar. rouge : 6,950 fr.

Joviani Pontani *Opera*. Aldus, 1518, in-8°, mar. brun, ex. de Grolier : 4,520 fr., n° 64.

L'Eschole de Salerne. Elz., 1651, in-12, mar. citron, mosaïque de mar. bleu et rouge : 10,060 fr., n° 98. Une très belle reliure entre pour une large part dans ce prix payé pour un recueil de préceptes médicaux, mis en vers burlesques; ajoutons que c'est le seul exemplaire qui soit connu avec toutes ses marges.

Le Chevalier délibéré. Vers 1486, in-f°, mar. doublé, seul ex. connu de cette édition : 13,520 fr., n° 103.

Fables de La Fontaine, 1678-1694, 5 vol. in-12, mar. rouge : 10,000 fr., n° 119.

Fables de La Fontaine, 1755-1759, 4 vol. in-f°, mar. rouge : 7,500 fr., n° 120.

Amours de Daphnis et Chloé, 1718, in-8°, mosaïque de Padeloup, armes du régent : 12,500 fr., n° 177.

Rabelais. Lyon, 1542; Paris, 1547. Exemplaire à toutes marges dans sa première reliure en vélin; il contient les trois premiers livres d'une édition excessivement rare : 8,020 fr., n° 187.

Songe de Poliphile. Venise, 1499, in-f°, veau fauve, riche reliure : 10,020 fr. Très bel exemplaire d'un livre fort curieux, délaissé pendant près de quatre siècles et

vers lequel l'attention des lettrés et des artistes s'est
portée avec raison.

Giordano Bruno. *Degl' Heroici furori, dialogi X*, 1585.
Très belle mosaïque de Padeloup : 7,100 fr. Ce volume
avait été payé le même prix à la vente Laroche La Carelle,
1889, n° 67.

Bossuet. *Discours sur l'Histoire universelle*, 1681, in-4°,
mar. rouge : 1,380 fr., n° 261 ; — *Histoire du Clergé sécu-
lier et régulier ; — Histoire des Ordres militaires*. Amst.,
1716-1721, 8 vol. in-8°, mar. rouge : 5,200 fr.

Bossuet. *Histoire des variations des Églises protestantes,*
2 vol. in-4°, mar. rouge, armes de Bossuet, édit. orig. :
5,100 fr.

Un autre exemplaire aux armes de la grande Mademoiselle : 5,200 fr.

Procopius. *De Bello Persico*, 1509, in-4°, riche reliure
à comp. exécutée pour Maïoli : 5,300 fr.

Maïoli reste, après Grolier, le plus éminent des bibliophiles du xvɪe siècle.

Entrée de Charles IX, 1572, in-4°, vélin. Magnifique
exemplaire, armes de J.-A. de Thou : 3,900 fr.

Recueil des portraits et éloges, par Mlle de Montpensier
et autres. Paris, 1659, in-8°, mar. rouge, armes de Mlle de
Montpensier : 10,685 fr.

A côté de tous les livres d'une rareté exceptionnelle
qu'avait réunis M. le comte de Mosbourg, on trouve un
objet unique en son genre et qui brille du plus vif éclat.

Il s'agit de la fameuse *Guirlande de Julie,* chef-d'œuvre
de calligraphie et de peinture de fleurs que le duc de
Montausier fit effectuer pour en faire hommage à Mlle de
Rambouillet, qu'il épousa plus tard.

Ce volume, unique en son genre, est revêtu d'une très
belle reliure de Le Gascon ; il a été adjugé pour la somme

de 19,000 francs, et les bibliophiles les plus compétents ont été d'avis que cette adjudication n'était pas exagérée.

Il faut savoir s'arrêter, dit-on ; je ne le ferai pas sans exprimer la reconnaissance que m'inspire l'indulgence avec laquelle mes collègues ont bien voulu accueillir une communication fort imparfaite sans doute, mais qui pourra être utile à quelque travailleur dévoué à cette science des livres qui prend chaque jour une extension nouvelle par suite du développement que présente la production intellectuelle dans tous les pays civilisés.

Le siècle qui approche de son terme a vu paraître des travaux bibliographiques de la plus haute importance ; il suffira de citer : Barbier, *Dictionnaire des Anonymes;* Renouard, *Annales des Aldes, Annales des Estienne;* J.-Ch. Brunet, *Manuel du libraire;* Quérard, *France litté-raire;* F. Drujon, *Livres condamnés, Livres à clef;* Quentin Bauchart, *Femmes bibliophiles;* Paul Lacroix, *Bibliographie de Molière, Bibliographie de Restif de La Bretonne,* etc.

Le nouveau siècle qui s'avance vers nous sera-t-il aussi heureux ? C'est ce que je voudrais avoir l'avantage de dire à l'Académie dans une de ses séances du mois de mai 1995 ! — mais je n'y compte pas, à vrai dire...

La bibliophilie, armée de toute sa vitalité et de toute son énergie, a traversé sans faiblir plusieurs révolutions ; elle s'est montrée, après des secousses redoutables, plus ferme que jamais, plus enthousiaste qu'elle n'avait été dans les plus beaux jours de sa splendeur. Reste une question des plus graves, qu'il est d'ailleurs impossible de discuter aujourd'hui : Quel est l'avenir réservé à ces volumes payés si cher ?

Le vingtième siècle ne traversera-t-il pas des crises semblables à celles qui ont assombri une partie de son prédécesseur et qui portent à la fortune générale du pays une atteinte profonde? C'est aux bibliographes de l'an 2000 qu'il appartiendra de résoudre ce problème.

Encore un mot : *ultimum verbum.*

Terminons en esquissant le portrait que doit offrir un bibliophile de premier ordre. Il faut qu'il soit maître d'une grande fortune indépendante; il doit être célibataire et maître de toutes ses passions à l'exception de celle qui le domine; il doit être muni d'un sang-froid inaltérable et de connaissances littéraires approfondies; l'extérieur d'un volume le préoccupe autant que l'intérieur; connaissant les particularités du travail de chaque relieur célèbre, il distingue d'un coup d'œil un Derome l'aîné d'un Derome le jeune.

Complètement étranger à la vie politique, il regarde à peine le héros du jour, qui passe sur son char mal affermi, et c'est avec la plus dédaigneuse des indifférences qu'il reçoit la nouvelle, si fréquente de nos jours, d'un changement de ministère.

Vers la fin de sa vie, il se préoccupe du sort reservé à ces livres qu'il a tant aimés et de l'accueil qui sera fait au catalogue où seront enregistrées toutes les richesses qu'il a accumulées.

Un de ses amis a déjà composé l'inscription à placer sur sa tombe :

Entre deux in-quarto,
Oh! sort digne d'envie,
Sur un in-folio
Il termina sa vie.

P. S. — Nous recevons la note des prix qui ont été payés à la vente de la bibliothèque peu nombreuse, mais fort bien choisie, de Mme Gabrielle Delessert. On remarque un volume aux insignes de Grolier :

Joannis Joviani Pontani *Opera soluta oratione composita.* Venetiis, Aldus, 1518, 3 vol. in-8°, mar., adjugé à 10,500 fr.

Signalons aussi les *Œuvres de Rabelais.* Amst., 1741, 3 vol. in-4° : 1,305 fr.

Les *Contes des Fées*, par Ch. Perrault. Paris, 1781, in-12 : 1,020 fr.

Lettres de Pline le Jeune. Paris, 1702, 3 vol. in-12, mar. : 4,310 fr. Exemplaire de Mme de Chamillart.

Vies des hommes illustres grecs et romains, par Plutarque. Paris, 1567, 8 vol. in-8°; — Plutarque. *Œuvres morales*, en 6 vol. in-8°. Paris, 1574. Ensemble 14 vol. in-8°, mar. : 3,310 fr.

Bordeaux. — Imp. G. GOUNOUILHOU, rue Guiraude, 11.

6 février 42

www.ingramcontent.com/pod-product-compliance
Lightning Source LLC
LaVergne TN
LVHW022033080426
835513LV00009B/1028